はじめに

　絵本や物語を読んでいて、お話の中に出てきたお料理が「どんな味なのだろう?」「どんなふうに作るのだろう?」と気になったことはありませんか。絵がかいてあれば予想はつくかもしれませんが、味まではわかりませんね。この『物語からうまれたおいしいレシピ』では、物語に出てくる料理を再現しました。お料理の写真を見ているだけでも、「おいしそう」「食べてみたい」とうっとりしてしまいます。いえいえ、見ているだけではもったいない。自分で作れるように作り方もしょうかいしていますので、作ってみてください。自分で作って食べれば、物語の世界も広がるかもしれません。登場人物の気持ちも、ぐっと身近に感じることができるかもしれません。

　「これ食べてみたい」と料理に興味を持った人は、どんな本に出てくる料理なのか、本のしょうかい文を読んでみてください。そして、本を手に取ってみてください。楽しくて、おいしい本に出会えるかもしれませんよ。

金澤磨樹子　東京学芸大学附属世田谷小学校 司書

　小学校では、物語と給食がコラボレーションするおはなし給食という日があります。ある日、「ぐりとぐらのカステラを食べたら絵本を久しぶりにたくさん読みたくなって図書室に行ってきたよ」と、6年生の子がそっと教えてくれました。食べることで本を読むことが楽しみになったのはなぜでしょう?　好きな食べものだったから?　おいしかったから?　お話と料理がわたしたちに思いがけないことを教えてくれます。

　学校でもおはなし給食の時間は、「食べる時間」がいつもより特別になります。食べる前に物語を知っていると、「お話のような味をしているのかな?」とワクワクする気持ちになり、物語を知らない場合には「この本読んでみたいな」という気持ちになるのです。そして、おはなし給食の日は、いつもよりたくさんの「料理のレシピを教えて!」という声がわたしのもとにとどきます。

　お話の中に出てきた料理を「食べてみたいな」から「作ってみたいな」という気持ちになることをこの本では大切にしました。そして、作った料理をだれかといっしょに食べることもおすすめします。"だれかに"作る料理、"いっしょに"食べる料理は100倍楽しいはずですよ。

今　里衣　東京学芸大学附属世田谷小学校 栄養教諭

物語からうまれたおいしいレシピ

③ 魔法のきらきらスイーツ

［監修］
金澤磨樹子・今 里衣
（東京学芸大学附属世田谷小学校）

ポプラ社

もくじ

3

この本の使い方

この本では、いろいろな物語に出てくるおかしや料理を再現して、その作り方をしょうかいしています。
おうちで作りやすいように、できるだけ手に入りやすい材料で、かんたんな作り方を考えました。料理は、だれでも再現しやすいように変えたり、想像して作ったりしたものもあります。どの物語も、「物語と料理のしょうかいページ」と「作り方のページ」でできています。何がどこに書かれているか、読んでおきましょう。

物語と料理のしょうかいページ

本の題名
物語がのっている本の題名です。

若草物語
ジョーから
ローリーへのおみやげ
白いブラマンジェ

どんなおはなし?
メグ、ジョー、ベス、エイミーは、こせいゆたかな四姉妹。姉妹たちはあるクリスマスの日、おとなりに住むローレンスさんからすてきなプレゼントをもらいます。「これはローレンスさんの孫(ローリー)のアイデアにちがいない!」と思ったジョーは、ローリーと友だちになりたいと考えます。
その後、ジョーは大みそかのパーティーでローリーと出会います。すっかりかれを気に入ったジョーは、3びきの子ネコと真っ白なブラマンジェを持って、ローレンスさんの家をおとずれます。

どんな料理?
「ブラマンジェ」はフランス語で「白い(ブラン)食べもの(マンジェ)」という意味。フランスなどヨーロッパでは昔からよく食べられているデザートです。
ブラマンジェは長女・メグの手作りです。ローリーはそのおみやげをとてもよろこびました。

料理の名前
この本で作る料理です。

**あらすじと
料理の説明**
物語のあらすじや、どんなおかしや料理なのかを説明しています。

司書の
先生から

若草物語
L.M.オルコット/作
筆(ふみこ)文 こみなゆらら絵
(ポプラ社)

「若草物語」は、1868年に出版されましたが、今でも人気があり、多くの人に読まれています。今回とりあげたのは、読みやすく再構成された本です。興味を持った人は、かんやくの本も読んで、四姉妹のいろいろなエピソードを楽しんでください。

料理の写真
しょうかいする料理のできあがりの写真です。それぞれの物語の世界を表現したので、見ているだけでも本の場面が思い出されて、楽しくなるでしょう。

司書の先生から
学校司書の金澤磨樹子先生が、どんなふうに物語に出てくる料理なのかや、本の楽しみ方のポイントを教えてくれます。

本のしょうかい
おかしや料理が出てくる本のじょうほうや表紙をのせています。

作り方のページ

○まず作り方をひと通り読んで、どんな流れでどんな作業をするのか、知っておきましょう。あわてずに進めることができます。

○材料と必要なものを用意しておきましょう。材料は、正確にはかることが大切です。はかり方は、下を参考にしましょう。

材料

料理に必要な材料です。分量は、次のような道具ではかります。

mL なら
計量カップ
ではかる

g なら
はかりで
はかる

大さじ・小さじ なら
計量スプーン
ではかる

「大さじ1」は、大さじ1ぱいという意味だよ

用意するもの

料理をする前に、あるかどうかかくにんしておきたいものをのせました。包丁、なべ、スプーン、ラップなど、どこのおうちにもありそうなものは入っていません。

Point

その料理のせいこうのカギとなるポイントです。しっかり読んで実行しましょう。

じゅんび

料理を始める前に、やっておきたい作業です。この見出しがあったら、ここから始めます。

アドバイス

安全のために注意したいことや、上手にできるコツ、見きわめ方などをふき出しに書いています。

『若草物語』
白いブラマンジェ

材料（4〜5こ分）		用意するもの
粉ゼラチン	10g	たいねつゴムべら
水	50mL	ステンレスのボウル
牛乳	300mL	型（80〜90mL）4〜5こ
さとう	大さじ4	
生クリーム	100mL	
バニラエッセンス	3てき	
あればミントの葉や		
エディブルフラワー（食べられる花）	適量	

じゅんび ▶ ボウルの底にあてる氷水を用意しておく

作り方

① 小さなたいねつ容器に水を入れ、粉ゼラチンを入れてスプーンでまぜる。

② ラップをふんわりかけて電子レンジで2分加熱し、ゼラチンをとかす。

③ なべに牛乳とさとうを入れて弱火にかけ、たいねつゴムべらでまぜながら温める。

④ さとうがとけてきたら、②と生クリーム、バニラエッセンスを入れて、湯気が出てくるまでかきまぜる。

⑤ をステンレスのボウルに入れ、底を氷水にあててとろみが出るまでまぜながら冷やす。

底のほうからかたまるので、底全体でなでるようにまぜると

⑥ 型の中を水でぬらす。こうすると型からとりだしやすくなる。

⑦ 型に⑥を入れる。冷ぞう庫に入れて30分ほど冷やしてかためる。

⑧ 食べる直前に型からとりだす。型のふちにそってスプーンの背で1周おして型からはがす。

型とくっついているところをもっとおしてはがしていくと

⑨ 皿に置き、型をしっかりおさえて皿と持ち上げて下にふり、中身が落ちたらはずす。

⑩ あればミントの葉やエディブルフラワーをかざる。

作り方

写真で手順をしょうかいしています。順番通りに作りましょう。

○フライパンはフッ素じゅし加工（テフロン）のものを使っています。

○電子レンジの加熱時間は600Wの場合の目安です。

○オーブン、オーブントースター、電子レンジは、機種によって加熱具合に差があります。加熱するときはようすを見ながら時間をちょうせつしましょう。

気をつけよう！ 火を使うときの注意

○ガスコンロやIH、オーブンを使うときは、かならず大人がいるときにしましょう。

○ガスコンロやIHを使っているときには、そばからはなれないようにしましょう。

○火にかけたなべやフライパン、オーブンの天板はとても熱くなっています。直接手でさわってはいけません。

ねずみくんと
ホットケーキ

みんなの好きをかなえる
ねみちゃんの
ホットケーキ

どんなおはなし?

　ある日、お買いもの中のねみちゃんにバッタリ出会ったねずみくん。
「ホットケーキを作るから食べにこない?」とさそわれると、ねずみくんは
「ねみちゃんがお料理を作ってくれる」と、かんちがいしてしまいます。
　ねずみくんは、ぞうさんやうさぎさんたちを引き連れて、ねみちゃんの
もとへやってきます。それぞれバナナやにんじん、チーズの料理など、
好きなものを注文するみんなに、こまったねみちゃんは——。

どんな料理?

　ねみちゃんがみんなの
注文にこたえるために、
バナナやさかな、クル
ミ、にんじん、チーズの
形に焼いたホットケーキ。
　おいしそうな焼き色に、
みんな目をみはりました。

ねずみくんとホットケーキ

なかえよしを◉作　上野紀子◉絵
[ポプラ社]

司書の
先生から

　『ねずみくんのチョッキ』から始ま
る、ねずみくんの絵本シリーズの1
さつです。毎回、ねずみくんとな
かよしの動物たちにほっこりさせら
れます。大好きなねみちゃんがお
料理してくれると聞いて、みんな
大よろこびでやってきましたよ。

Carrot

Fish

banana

cheese

『ねずみくんとホットケーキ』
ねみちゃんのホットケーキ

材料（4〜5まい分）		用意するもの
はくりき粉または米粉	80g	アルミホイル
ベーキングパウダー	小さじ1	（25〜30cmはば）
サラダ油	大さじ1	キッチンペーパー
		あわだて器
たまご	1こ	ゴムべら
A さとう	大さじ2	
牛乳	80mL	
塩	少々	

作り方

ホイルを切るときは
・はに気をつけてね

①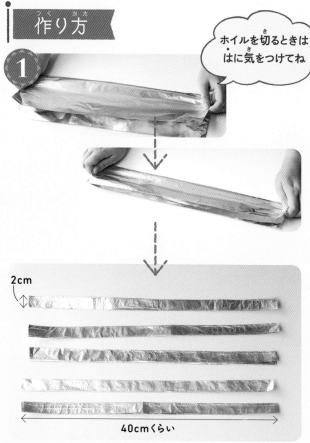

2cm

40cmくらい

型を作る。アルミホイルを40cmくらい切りとり、長い辺を半分に折る。はば2cmになるまで、何度か折る。これを5つ作る。

はしは重ねて
折るよ

②

バナナ、さかな、クルミ、にんじん、チーズの形に折る。

③

内側にキッチンペーパーでサラダ油をぬる。

Ａをあわだて器でまぜあわせる。別のボウルではくりき粉（米粉）とベーキングパウダーをまぜ、ざるに入れてゴムべらを使ってふるいながらＡに加え、まぜる。

フライパンを弱火で3分温め、型をはなして入れる。このとき必ず弱火で温め、火を強くしないようにする。

Point
たくさん入れてはダメ！下からこぼれてしまうよ

生地をスプーンを使ってうすく（あつさ2〜3mmくらい）、ぬるように入れる。

入れた生地がかたまってきたら、型の半分の高さまで生地を加え、フライパンにふたをする。

ぷつぷつがうら返すサイン

1〜2分してぷつぷつとあながあいて表面がかわいてきたら、うら返して1分ほど焼いて中まで火を通す。

フライパンからとりだして1分ほどおき、手でさわれるようになったらアルミホイルをはずす。

バムとケロの
さむいあさ

寒い冬の日に
かいちゃんと食べた
バムとケロのプリン

どんなおはなし？

とっても寒い火曜日の朝。こんな日は、うらの池もこおっているはず。そう思った犬のバムとカエルのケロは、遊び道具を持って池へ向かいます。するとそこには、池の水といっしょにこおっている白いあひるが！バムとケロは、あひるを池から助け出します。

ふたりはすっかり元気になったあひるのかいちゃんといっしょに、プリンを食べたり、おもちゃで遊んだり、楽しい時間をすごします。

どんな料理？

かいちゃんを連れて帰り、おふろで温めてあげたあとに、みんなで食べた大きなプリンです。

かいちゃんと遊びたいケロは、プリンを食べるとすぐに、かいちゃんを連れていってしまうのでした。

司書の
先生から

「バムとケロ」のシリーズは、5巻ありますが、どれがいちばん好きですか？「どれも好きです！」という声が聞こえてきそうです。ていねいにかきこまれたイラストをよく見ると、いろんなことを発見できて楽しいです。

バムとケロのさむいあさ
島田ゆか◎作・絵　[文溪堂]

『バムとケロのさむいあさ』
バムとケロのプリン

材料（3こ分）	
カラメル用のグラニューとう	大さじ4
水	大さじ1+大さじ1
たまご	小4こ
さとうまたはグラニューとう	大さじ4
バニラエッセンス	2〜3てき
牛乳	400mL
ホイップクリーム	適量
顔の形のクッキー	9こ
トッピングシュガー	適量

用意するもの

プリンカップ
（直径9cm、200mL）3こ
あわだて器

じゅんび ▶
- オーブンを160度に予熱する
- オーブンの天板に入れる湯をわかしておく
- プリンカップを天板にならべる

作り方

①

「かたまってしまうのでまぜないで」

なべにカラメル用のグラニューとうと水大さじ1を入れ、強火にかけて、なべをかたむけながらグラニューとうをとかす。

②

「カラメルがとても熱くなっているので注意して。水を入れると湯気が出るよ」

茶色く色づいてきたら水大さじ1を入れ、火を止める。熱いうちにプリンカップに入れ、冷めるまでおく。入れるとちゅうでかたまったら弱火にかけてとかす。

③

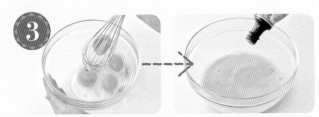

ボウルにたまごを割り入れてあわだて器で白身が見えなくなるまでほぐし、さとう（グラニューとう）とバニラエッセンスを入れてまぜる。

④

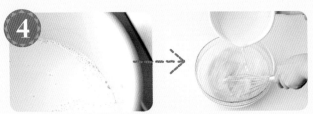

なべに牛乳を入れて中火にかけ、ふちにふつふつあわが立ったら、❸に少しずつ入れながらまぜあわせる。

ざるでこし、おたまで❷のプリンカップに入れる。

天板の7分目くらいまで湯を入れ、160度のオーブンで30〜40分焼く。焼けたらとりだして冷めるまでおき、冷ぞう庫で冷やす。

食べる直前に仕上げをする。プリンカップのふちに包丁をさし、くるりと1周する。上に皿をのせてしっかりと持つ。

カラメルがこぼれないように注意して

皿ごとひっくり返し、上から下にふる。プリンが落ちたらプリンカップをはずす。

顔の形のクッキーの作り方

4巻32ページなどを参考にしてクッキー生地を作って焼きます。作りたい顔の形を紙にかき写して切って型を作り、まな板にのせた生地の上におき、型にそって生地を切ります。焼き時間は、生地のあつさなどによって変わるので、ようすを見ながら調整しましょう。

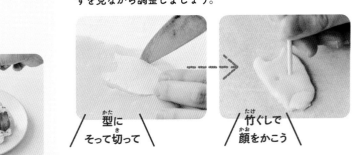

型にそって切って → 竹ぐしで顔をかこう

ホイップクリームをプリンのまわりと上にしぼる。顔の形のクッキーとトッピングシュガーをかざる。

13

へんしんへんしん
フルーツポンチ

くだものが自分で変身！
へんしんくだものの
フルーツポンチ

どんなおはなし？

　ガラスのうつわが言いました。「フルーツポンチを つくりましょう」。すると、りんごやパイナップル、すいかなどのくだものたちは、次々にぽーん！とガラスのうつわの中に飛びこみます。

　でも、みんな丸ごとの形のままなので、あっという間にギュウギュウに。そこでうつわは、まな板の上で変身してきてくださいとお願いします。くだものたちは、どんなすがたに変身するのでしょうか。

どんな料理？

きれいな さんさい
フルーツポンチの できあがり。
いただきま〜す！

　三角形やうさぎの形などに変身したくだものたちと、パンダになった白玉だんごが、ガラスのうつわにたくさん入ります。

　そこにあまいシロップと、しゅわしゅわのサイダーを注げば、フルーツポンチの完成です！

司書の
先生から

　くだものが、せいぞろいしている表紙にワクワクします。絵本を読めば、フルーツポンチを作りたくなりますよ。どんなくだものを入れますか？ 好きなくだものを入れて、おいしく作ってみましょう。

へんしんへんしん
フルーツポンチ
山本祐司◉作　[ほるぷ出版]

『へんしんへんしんフルーツポンチ』
へんしんくだものの
フルーツポンチ

材料（8人分）

シロップ		さくらんぼ	4こ
さとう	大さじ2	ブルーベリー	10こ
水	60mL	もも（かんづめ）	4切れ
すいか	4切れ	白玉パンダ	
パイナップル（かんづめ）	4まい	A ┌ 白玉粉	40g
りんご	$\frac{1}{2}$こ	└ 水	大さじ2
キウイ	うす切り4まい	B ┌ 白玉粉	10g
みかん（かんづめ）	8こ	├ 黒ごまペースト	小さじ2
メロン	$\frac{1}{4}$こ	└ 水	小さじ$\frac{1}{2}$くらい
ぶどう	8こ	サイダー	250mLくらい

用意するもの

竹ぐし
あなじゃくし

※くだものは全種類そろえなくてもOK。
　食べたいものや手に入るもの3〜4種類だけでもおいしくできます。

作り方

 1

シロップの材料を小なべに入れて中火にかけてふっとうしたら火を止め、さとうをとかす。冷めたら冷ぞう庫で冷やしておく。

くだものは
好きなものを
いくつか用意
してね！

2

くだものを食べやすい大きさに切る。
りんごは4等分のくし形に切り、しんを切り落とす。皮に切りこみを入れうさぎの耳を作る。色が変わるのをふせぐために塩水（分量外。水1カップ＋塩ひとつまみ）につける。切ったくだものは冷ぞう庫に入れておく。

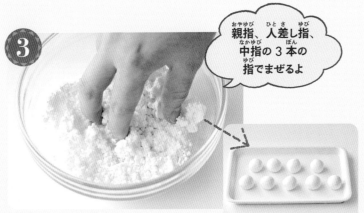

親指、人差し指、中指の3本の指でまぜるよ

③ 白玉パンダを作る。Aをボウルに入れ、1分ほどおいてからまぜる。手で丸められるかたさになったら、9こにわけて丸める。生地がかたいときは、水小さじ1（分量外）を少しずつ加えて調整する。

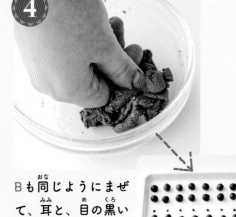

④ Bも同じようにまぜて、耳と、目の黒い部分を各16こ、鼻を8こ丸めて作る。

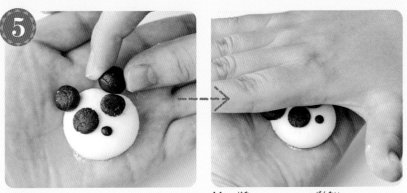

⑤ ③をてのひらでおしてつぶし、④の耳や鼻をつける。全体をおしてよくくっつける。これを8こ作る。

⑥ ③の残り1こを16こにわけて小さく丸める。目の黒い部分にのせ、竹ぐしのとがっていない側で軽くおす。

⑦ ボウルに氷水を用意する。なべに水を半分入れて強火にかけ、ふっとうしたら⑥を入れ、ういてから30秒たったら氷水にとる。

⑧ ②と⑦をガラスの器にもりつけ、シロップとサイダーを注ぐ。

ジョーから ローリーへのおみやげ
白いブラマンジェ

どんなおはなし?

　メグ、ジョー、ベス、エイミーは、こせいゆたかな四姉妹。姉妹たちはあるクリスマスの日、おとなりに住むローレンスさんからすてきなプレゼントをもらいます。「これはローレンスさんの孫（ローリー）のアイデアにちがいない!」と思ったジョーは、ローリーと友だちになりたいと考えます。

　その後、ジョーは大みそかのパーティーでローリーと出会います。すっかりかれを気に入ったジョーは、3びきの子ネコと真っ白なブラマンジェを持って、ローレンスさんの家をおとずれます。

どんな料理?

　「ブラマンジェ」はフランス語で「白い（ブラン）食べもの（マンジェ）」という意味。フランスなどヨーロッパでは昔からよく食べられているデザートです。

　ブラマンジェは長女・メグの手作りです。ローリーはそのおみやげをとてもよろこびました。

司書の先生から

　『若草物語』は、1868年に出版されましたが、今でも人気があり、多くの人に読まれています。今回とりあげたのは、読みやすく再構成された本です。興味を持った人は、かんやくの本も読んで、四姉妹のいろいろなエピソードを楽しんでください。

若草物語

L.M.オルコット◉作
薫くみこ◉文　こみねゆら◉絵
［ポプラ社］

19

『若草物語』

白いブラマンジェ

材料（4〜5こ分）

粉ゼラチン …………………………… 10g
水 …………………………………………… 50mL
牛乳 ……………………………………… 300mL
さとう ……………………………… 大さじ4
生クリーム …………………………… 100mL
バニラエッセンス ………………… 3てき
あればミントの葉や
　　エディブルフラワー（食べられる花）…… 適量

用意するもの

たいねつゴムべら
ステンレスのボウル
型（80〜90mL）4〜5こ

じゅんび ▶ ●ボウルの底にあてる氷水を用意しておく

作り方

① 小さなたいねつ容器に水を入れ、粉ゼラチンを入れてスプーンでまぜる。

② ラップをふんわりかけて電子レンジで2分加熱し、ゼラチンをとかす。

③ なべに牛乳とさとうを入れて弱火にかけ、たいねつゴムべらでまぜながら温める。

④ さとうがとけてきたら、❷と生クリーム、バニラエッセンスを入れて、湯気が出てくるまでかきまぜる。

Point
底のほうから
かたまるので、
底をへらでなでる
ようにまぜるよ

❹をステンレスのボウルに入れ、底を氷水にあて
とろみが出るまでまぜながら冷やす。

型の中を水でぬらす。こうすると型か
らとりだしやすくなる。

型に❺を入れる。冷ぞう庫に入れて
30分ほど冷やしてかためる。

型とくっついている
ところをそっと
おしてはがしていくよ

食べる直前に型からとりだす。型のふ
ちにそってスプーンの背で1周おして
型からはがす。

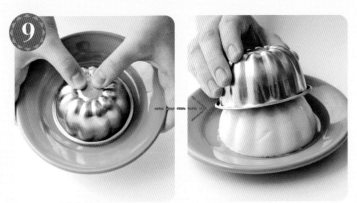

皿に置き、型をしっかりおさえて皿ごと持ち上げて下にふ
り、中身が落ちたら型をはずす。

あればミントの葉やエディブルフラワーをか
ざる。

21

ぎょうれつの
できるレストラン

山の動物たちが
にぎやかな行列を作った
ポーのスイートポテト

どんなおはなし？

　フクロウの子どもポーのお父さんとお母さんは、大きな山の木の上でレストランをやっています。鳥たちに大人気のレストランはいそがしく、調理のようすを見ていたポーは作り方を覚えてしまいます。でも、まだ小さいからと料理を作らせてはもらえません。

　ある日、風がふいて木の下に落ちてしまったポーは、おいもを育てるのが得意だけれど、料理が苦手なモグラさんと出会います。そして、モグラさんのお店で、料理を作ることになりました。

どんな料理？

　ポーが初めて料理に挑戦して作ったスイートポテトです。

　さつまいもをやわらかくゆでて、バターとさとうとたまごの黄身と生クリームをまぜて、オーブンで焼いたら、できあがり！

ポーは　おなべに　さつまいも　いれて　やわらかくなるまで　ゆでました。

かわをとって、バターと　さとう、たまごの　きみと、なまクリームをまぜて、

かわの　おさらに　もりつけたら、うえから　きみを　ぬって

オーブンで　やいたら……
スイートポテトの　できあがり！
すると──。

司書の先生から

　おいしそうな料理が、たくさん出てくる絵本なので「おいしそう！」「このレストランへ食べに行きたい！」と思ってしまいます。料理を作りたい小さいポーを動物の仲間たちもおうえんします。みんなが、ポーの料理を食べたいのです。

ぎょうれつのできるレストラン

ふくざわゆみこ◉作・絵　［教育画劇］

22

『ぎょうれつのできるレストラン』
ポーのスイートポテト

材料（3こ分）	
さつまいも ・・・・・・・・・・・	小2こ（300〜350g）
たまご ・・・・・・・・・・・・・・・・	1こ
バター ・・・・・・・・・・・・・・・・	30g
A ┌ さとう ・・・・・・・・・・・・・	大さじ4
├ 生クリーム ・・・・・・・・・	大さじ2
└ バニラエッセンス ・・・	少々

用意するもの

ポリぶくろ
アルミホイル
はけかスプーン

さつまいものかわりに焼きいもを使っても作れます。そのときは❶のこうていは飛ばします。

作り方

①

皮つきのさつまいもをあらい、ぬれたままラップで包み、電子レンジで8分、うら返して4分加熱する。

②

バターを冷ぞう庫から出しておく。たまごを割りほぐし、大さじ1をとりわける。

③

Point
皮がやぶけないように、ふちを5mm〜1cm残すよ

さつまいものあら熱がとれたらたて半分に切る。スプーンで中身をくりだし、ポリぶくろに入れる。皮の部分のうち、3こは器にするのでとっておく。

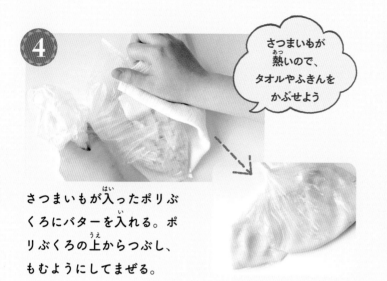

さつまいもが熱いので、タオルやふきんをかぶせよう

④ さつまいもが入ったポリぶくろにバターを入れる。ポリぶくろの上からつぶし、もむようにしてまぜる。

⑤ ②のたまごの多いほうとＡを入れてまぜる。まざったら空気をぬきながらポリぶくろの口をしばる。

⑥ ポリぶくろの角をはさみで切り落とし、中身をさつまいもの皮の中にしぼり入れる。

⑦ スプーンで形を整える。

はけがないときは、スプーンの背でぬろう

⑧ オーブントースターの天板にアルミホイルをしいて⑦をならべ、表面に、②でとりわけたたまごをはけでぬる。

⑨ オーブントースターに入れ、200度で15～20分焼く。とちゅうでこげそうになったら、アルミホイルをかぶせる。残り1にも同じように焼く。

魔女の家で作った
いろんな形の
ヨモギだんご

どんなおはなし?

　小学3年生の悦子は、レンゲ畑のまんなかでヨモギをつんでいる見知らぬ女の子と出会います。女の子の名前はなつき。「どこにすんでるの?」と悦子が声をかけると、なつきはひとつのひみつを打ち明けてくれました。
「あのね、あたしたち、いま、魔女の家につかまってるんだ」
　なつきの話に興味しんしんな悦子は、魔女の家にいっしょについていくことに。そこにはひとりのおばあさんと、なつきの弟がいました。

どんな料理?

　魔女の家に行った悦子たちが作った、春の野原のかおりのヨモギだんご。
　ヨモギを大きなすりばちの中でつぶして生地を作り、さかなやヘビなど好きな形のだんごにして、とっても楽しく作りました。

レンゲ畑のまんなかで

富安陽子◉作　降矢奈々◉絵
[あかね書房]

司書の
先生から

　くらの中をたんけんしたり、ひみつのかくれがで遊んだり、悦子にとってなつきと遊ぶことは、ワクワクしてとても楽しいことだったようです。別れはとつぜんやってきましたが、なつきは、とってもすてきな魔法?を残していきましたよ。

『レンゲ畑のまんなかで』
いろんな形のヨモギだんご

材料（作りやすい分量）

かんそうよもぎ	4g
水	大さじ1+50mL
白玉粉	120g
上新粉	80g
さとう	40g
きぬごしどうふ	100g
ゆであずき	100g
きな粉	50g

用意するもの

竹ぐし

あなじゃくし

作り方

① かんそうよもぎに水大さじ1をかけてもどす。

② ボウルに白玉粉、上新粉、さとうを入れ、まぜる。

③ ①のよもぎ、きぬごしどうふを加えて、手でまぜる。

④ 水50mLをようすを見ながら少しずつ加えてまぜ、こねるようにしてまとめる。

⑤

耳たぶよりもかためで、てのひらで転がしてボールが作れるくらいになったら、2つにわけてぼうの形にする。

⑥

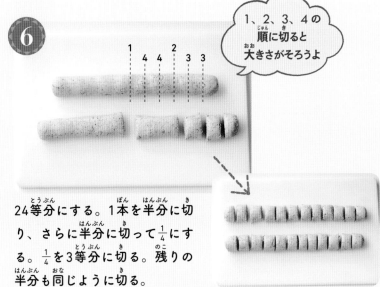

1、2、3、4の順に切ると大きさがそろうよ

24等分にする。1本を半分に切り、さらに半分に切って$\frac{1}{4}$にする。$\frac{1}{4}$を3等分に切る。残りの半分も同じように切る。

⑦

12こは丸いだんごにする。

⑧

竹ぐしで形を変えたり目をつけたりしても

残りの12こは好きな形を作る。

⑨

なべに水を半分入れて強火にかけ、ふっとうしたらだんごを入れる。うきあがってきてから2〜3分（細いもの、平たいものは1〜2分）したらゆであがり。皿にとりだす。

⑩

丸いだんごはくしに3つずつさす。ゆであずきやきな粉をかける。

ふしぎの国のアリス

アリスが大きくなった！ にんじんの EAT ME ケーキ
イート ミー

どんなおはなし？

「たいへんだ、たいへんだ、ちこくしちゃう！」

そうしゃべりながら目の前を通りすぎていくウサギを追いかけて、深いあなに落ちてしまったアリス。着いた先はなんと、ふしぎの国でした。

そこでアリスは、びんに入ったドリンクを飲んで体が小さくなったり、ガラスの箱に入ったケーキを食べて大きくなったり……。歩くトランプや笑ってばかりのネコなど、きみょうなキャラクターたちに出会いながら、さまざまなふしぎな体験をします。

どんな料理？

ふしぎの国でアリスが見つけた、レーズンで「ワタシヲオタベ（EAT ME）」とかかれたケーキ。
イート ミー

ケーキを食べるとアリスはみるみる大きくなり、なんと身長が3mにもなってしまったのです！

司書の先生から

150年以上も前にイギリスで出版された本ですが、映画にもなり、多くの人に親しまれているお話です。今回しょうかいしたのは、読みやすく再構成した本です。興味を持った人は、いろんなほんやく家の本を読んでみてください。

ふしぎの国のアリス

L.キャロル◉作
石崎洋司◉文
千野えなが◉絵
［ポプラ社］

『ふしぎの国のアリス』
ĒĀT MĒ ケーキ

材料（1こ分）

A	ホットケーキミックス	100g
	シナモン	小さじ1
	あればナツメグ	小さじ$\frac{1}{4}$
にんじん		100g
たまご		1こ
さとう		大さじ2+大さじ2
サラダ油		大さじ2
ドライフルーツ入りミックスナッツ		60g
クリームチーズ		100g
レモンじる		小さじ1
かざり用レーズン		適量

用意するもの

- ケーキ型（直径15cm）
- クッキングシート
- おろし器
- あわだて器
- ゴムべら
- 竹ぐし

じゅんび ▶

◎ オーブンを170度に予熱する

作り方

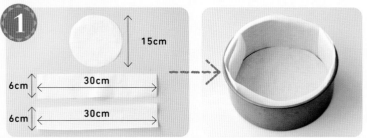

1 ケーキ型にあわせてクッキングシートを切り、底と側面にしく。Aをまぜあわせておく。

15cm
6cm 30cm
6cm 30cm

2 にんじんをすりおろす。

3 たまごをときほぐしてさとう大さじ2を入れ、あわだて器でまぜる。サラダ油を加えて白っぽくなるまでまぜる。

4 ②を入れてまぜる。

⑤ まぜあわせたAをざるに入れ、ゴムべらを使ってふるい入れる。粉っぽさがなくなるまでまぜる。

⑥ ドライフルーツ入りミックスナッツを入れ、まぜる。

⑦ 型に流し入れて平らにならし、170度のオーブンで20〜25分焼く。

⑧ 中心に竹ぐしをさして、生地がついてこなければ焼きあがり。あら熱がとれたら型からはずし、シートをとる。

⑨ クリームチーズをゴムべらでまぜてやわらかくし、さとう大さじ2を加えてまぜる。さとうがとけてなめらかになったらレモンじるを加えてまぜる。

クリームを全部のせてスプーンでのばすよ

⑩ ケーキが冷めたら上の面に⑨をぬる。レーズンをならべて文字をかく。

14ひきの
かぼちゃ

「14ひき」のきょうだいが大切に育てた大きなかぼちゃのパイ

どんなおはなし?

「14ひき」のおとうさん、おかあさん、おじいさん、おばあさん、そして10ぴきのきょうだいたちは、大自然の中でくらしています。ある日、おじいさんが「これは かぼちゃの たね、いのちの つぶだよ」と大きな種を見せてくれます。そこで、その種をみんなで畑にまくことに。

春から夏、秋へと季節がうつりゆくなか、「14ひき」のきょうだいたちに見守られながら、かぼちゃの種は芽を出し花をさかせ、ぐんぐん生長していきます。そして、いよいよしゅうかくのときがやってきました。

どんな料理?

「14ひき」の家族が大切に育てたかぼちゃで作り、家族みんなで食べたパイです。

パイ生地の中にあまいかぼちゃをいっぱいつめ、かまどで焼きあげます。

かぼちゃコロッケ かぼちゃまんじゅう かぼちゃの につけ、かぼちゃ スープに かぼちゃパイ、たね たくさん みのったね。と おじいさん。

司書の
先生から

自分たちで育てたかぼちゃでお料理するなんて、すてきですね。きっとおいしいかぼちゃパイになったことでしょう。このシリーズは、いっくん、にっくんなど、10ぴきのきょうだいたちをさがしながら読むのも楽しいです。

14ひきのかぼちゃ

いわむらかずお◉作　［童心社］

『14ひきのかぼちゃ』
大きなかぼちゃのパイ

材料（1こ分）	
冷とうかぼちゃ	500g
バター	40g
A　さとう	大さじ2
A　メープルシロップ	大さじ1/2
A　シナモン	2つまみ
豆乳または牛乳	必要なときは大さじ1～2
冷とうパイシート（10×18cm）	4まい
ときたまご	適量

用意するもの

めんぼう
パイ皿（直径20cm）
はけかスプーン

じゅんび ▶
◎冷とうパイシートを冷とう庫から出しておく
◎オーブンを200度に予熱する

作り方

① 熱いので とりだすときに 注意！

パイの中身を作る。冷とうかぼちゃをたいねつ容器に重ならないように入れてラップをかけ、電子レンジで8～9分加熱する。

② ①の皮を切り落とし、ボウルに入れてフォークでつぶす。

③ 冷めないうちにバターを入れてまぜ、Aを入れてまぜる。かたいと感じたら、豆乳か牛乳を入れてなめらかになるよう調整する。

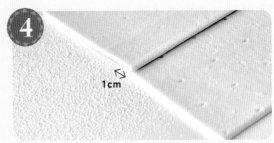

④ 作業する台に、はくりき粉（分量外）をうすくふりかける。常温にもどしたパイシート2まいを、長い辺のはしとはしが1cm重なるように置く。

1cm

5 めんぼうで、パイ皿よりひと回り大きくなるまでのばす。重なった部分が平らになるようにのばす。

パイ皿にそってはをすべらすよ

6 パイ皿にパイシートをしき、はみ出た部分を包丁で切り落とす。フォークをさして、あなをあける。

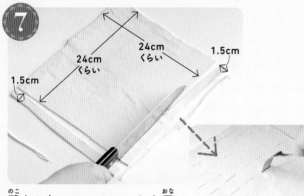

24cm
くらい
24cm
くらい
1.5cm
1.5cm

7 残り2まいのパイシートも同じようにしてパイ皿よりひと回り大きくのばす。はしが曲がっていたら切り落とす。たてと横、1辺ずつからはば1.5cmを切りとる。残ったパイシートはフォークであなをあける。

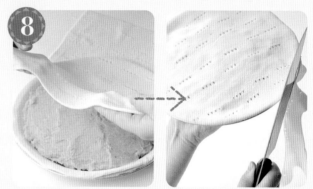

8 ⑥に③を入れて⑦のパイシートをのせる。はみ出たパイシートを包丁で切り落とす。

9 ⑦で切りとったパイシートをパイのふちにのせる。パイ皿のふちにそってフォークでぐっとおさえ、パイシートをとじる。

はけがないときは、スプーンの背でぬろう

10 表面にはけでときたまごをぬり、200度のオーブンで20分焼き、温度を160度に下げて、さらに15分ほど焼く。

おかし作りの基本

おかし作りの基本となる作業をしょうかいします。
道具の正しい使い方や、レシピの中によく出てくる言葉の意味を覚えて、
おいしいおかしを作りましょう。

その1　計量の基本

おかし作りでは、材料を正確に計量することがとても大切です。量があっていないとケーキがふくらまなかったり、ゼリーがかたまらなかったり、かたくなりすぎたりすることがあります。材料の量や形にあわせて道具を選び、正しく計量しましょう。

はかるのに必要な道具

 mL

● 計量カップ
水や牛乳などで、材料のらんに「mL」とあったら計量カップではかる。ccで表しているカップもあるが、mLとccは同じ量。1カップは200mL。

 g

● はかり
くりき粉やさとうなどで、材料のらんに「g」とあったらはかりではかる。器の重さを引いてはかれる、電子はかりが便利。

大さじ
小さじ

● 計量スプーン
生クリームやさとうなどで、材料のらんに「大さじ」「小さじ」とあったら計量スプーンではかる。大さじ1ぱいは15mL、小さじ1ぱいは5mL。

その2　オーブンの基本

オーブンはクッキーやケーキなどの生地を焼くときに使います。オーブンによって火の通り方にちがいがあるので、作り方に出てくる加熱時間は目安にして、ようすを見ながら焼きあげましょう。

予熱する

予熱とは、オーブンを使う前に、オーブン内を焼く温度に温めておくこと。最初から同じ温度で焼かないと生地がふくらまないことがある。
予熱が必要かどうかはレシピの「じゅんび▶」などを見てかくにんする。

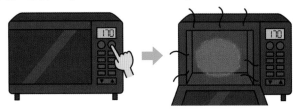

天板に生地をのせる

クッキーなど、いくつかの生地をならべるときは間をあける。生地がふくらんだときに、くっついてしまうのをふせぐ。

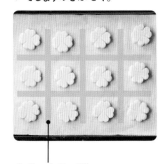

生地と生地の間をあけるよ

焼きあがりをかくにんする

ケーキなどは、中まで火が通っているか、竹ぐしをさしてかくにんする。引きぬいたときに生地がついてこなかったらOK。

何もついてこなければ焼きあがり

その3 調理の基本

おかし作りの作業には、ふだんの料理ではあまり行わないものが多くあります。やり方と意味を正しく理解して、おかし作りに役立てましょう。

ふるう

粉類をざるに入れて落とすこと。だまがなくなり、ほかの材料とまざりやすくなる。粉をざるに入れたら、かたまりをつぶすようにゴムべらを左右に動かす（Ⓐ）。ざるのふちをたたいてふるう方法もある。何種類かの粉類をいっしょにふるうときは、まぜあわせてから（Ⓑ）ざるに入れる。

打ち粉をする

クッキーの生地をのばすときなど、作業する台に茶こしなどを使ってはくりき粉をうすくふっておくこと。生地がくっつきにくくなる。

室温にもどす

バターを、使う30分くらい前に冷ぞう庫からとりだして、やわらかくしておくこと。冷たいままのバターを使うと、ほかの材料とうまくまざらないこともある。

とかしバターを作る

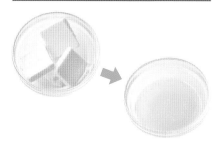

バターを電子レンジで加熱して、サラサラのえきたいにすること。えきたいにすることで、ほかの材料とまざりやすくなり、生地がしっとりする。

粉ゼラチンをとかす

粉ゼラチンを水に入れ、電子レンジで加熱する。粉ゼラチンに水をかけたり、湯に入れたりするとだまになることがあるので注意する。

生地をねかせる

生地の包み方

生地をラップで包み、冷ぞう庫に入れて15分〜1時間おくこと。ねかせることで生地にまとまりが出て、べたつかなくなる。

生地をのばす

全体のあつみを整えないと焼きあがりにむらが出てしまうよ

めんぼうを転がして、生地をまんべんなく広げる。転がすときは力を入れすぎず、奥から手前、手前から奥に少しずつのばす。とちゅうでめんぼうをたてにして左右に転がすと、全体のあつみが整う。

39

監修

金澤磨樹子 かなざわ まきこ　東京学芸大学附属世田谷小学校 司書

岩手大学教育学部卒業。小学校教員、三鷹市での小学校図書館の司書を経て現職に。科学読物研究会会員。日本子どもの本研究会会員。学校図書館問題研究会会員。日野おはなしの会会員。共著に『先生と司書が選んだ調べるための本　小学校社会科で活用できる学校図書館コレクション』『りかぼん　授業で使える理科の本』『学校司書おすすめ! 小学校学年別知識読みもの240』(すべて少年写真新聞社)がある。

今　里衣 こん さとえ　東京学芸大学附属世田谷小学校 栄養教諭

日々の子どもたちとの関わりを通して献立作成・食育授業を行う。子どもたちが楽しみながら学べる給食づくりを大切にしている。初任地は東日本大震災後の宮城県。給食に関わり支える人たちのひたむきな姿を目の当たりにし、学校給食の背景を知る。生産者への訪問など「人」とつながることで社会のあり方についても関心を深め、社会デザイン学(修士号)を取得。学校給食の持つ可能性を広げていく。監修に『まかせてね　今日の献立(全3巻)』(汐文社)がある。

レシピ考案‥‥‥‥‥‥‥‥‥今 里衣、ダンノマリコ
料理作成・スタイリング‥‥‥‥‥ダンノマリコ

写真‥‥‥‥‥‥‥‥‥‥‥‥キッチンミノル
キャラクターイラスト‥‥‥‥‥‥オヲツニワ
イラスト‥‥‥‥‥‥‥‥‥‥‥ゼリービーンズ
デザイン‥‥‥‥‥‥‥‥‥‥‥小沼早苗(Gibbon)
DTP‥‥‥‥‥‥‥‥‥‥‥‥有限会社ゼスト
校正‥‥‥‥‥‥‥‥‥‥‥‥齋藤のぞみ
編集‥‥‥‥‥‥‥‥‥‥‥‥株式会社スリーシーズン(奈田和子、渡邉光里、藤木菜生)

★協力
文溪堂、ほるぷ出版、教育画劇、あかね書房、童心社、いわむらかずお絵本の丘美術館

★撮影協力
UTUWA(電話03-6447-0070)

物語からうまれたおいしいレシピ

❸ 魔法のきらきらスイーツ

発行‥‥‥‥‥‥‥‥‥‥‥2024年4月　第1刷

監修‥‥‥‥‥‥‥‥‥‥‥金澤磨樹子　今　里衣
発行者‥‥‥‥‥‥‥‥‥‥加藤裕樹
編集‥‥‥‥‥‥‥‥‥‥‥小林真理菜
発行所‥‥‥‥‥‥‥‥‥‥株式会社ポプラ社
　　　　　　　　　　　　〒141-8210　東京都品川区西五反田3-5-8
　　　　　　　　　　　　JR目黒MARCビル12階
　　　　　　　　　　　　ホームページ　www.poplar.co.jp(ポプラ社)
　　　　　　　　　　　　kodomottolab.poplar.co.jp(こどもっとラボ)
印刷・製本‥‥‥‥‥‥‥‥今井印刷株式会社

ISBN978-4-591-18097-6　N.D.C.596　39p　27cm
© POPLAR Publishing Co., Ltd.2024　Printed in Japan

物語からうまれた
おいしいレシピ 全5巻

［監修］

東京学芸大学附属世田谷小学校 司書　金澤 磨樹子
東京学芸大学附属世田谷小学校 栄養教諭　今　里衣

小学校中〜高学年向き
N.D.C.596　AB判　オールカラー
各巻39ページ

図書館用特別堅牢製本図書

ポプラ社はチャイルドラインを応援しています

18さいまでの子どもがかけるでんわ

チャイルドライン®

0120-99-7777

毎日午後4時〜午後9時　※12/29〜1/3はお休み

電話代はかかりません　携帯（スマホ）OK

18さいまでの子どもがかける子ども専用電話です。
困っているとき、悩んでいるとき、うれしいとき、
なんとなく誰かと話したいとき、かけてみてください。
お説教はしません。ちょっと言いにくいことでも
名前は言わなくてもいいので、安心して話してください。
あなたの気持ちを大切に、どんなことでもいっしょに考えます。

チャット相談は
こちらから